EMG3-0213-N
合唱楽譜＜J-POP＞

J-POP CHORUS PIECE

合唱で歌いたい！J-POPコーラスピース

混声3部合唱

世界に一つだけの花

作詞・作曲：槇原敬之　合唱編曲：浅野由莉

••• 曲目解説 •••

　SMAPが2002年にリリースしたアルバムに収録された楽曲。2003年に、草彅剛が主演を務めたフジテレビ系ドラマ「僕の生きる道」の主題歌となり、広く世間に知れ渡るきっかけとなりました。のちに多くの要望に応える形でシングルカットされ、200万枚以上の売り上げを記録。平成を代表するヒットソングとなりました。心温まる歌詞と親しみやすいメロディーが魅力のこの曲は、現在でも多くの人の心に響き、愛され続ける名曲です。

合唱で歌いたい！J-POPコーラス

世界に一つだけの花

作詞・作曲：槇原敬之　合唱編曲：浅野由莉

© 2002 by JOHNNY COMPANY

世界に一つだけの花

作詞：槇原敬之

NO.1にならなくてもいい
もともと特別なOnly one

花屋の店先に並んだ
いろんな花を見ていた
ひとそれぞれ好みはあるけど
どれもみんなきれいだね
この中で誰が一番だなんて
争う事もしないで
バケツの中誇らしげに
しゃんと胸を張っている

それなのに僕ら人間は
どうしてこうも比べたがる？
一人一人違うのにその中で
一番になりたがる？

そうさ　僕らは
世界に一つだけの花
一人一人違う種を持つ
その花を咲かせることだけに
一生懸命になればいい

困ったように笑いながら
ずっと迷ってる人がいる
頑張って咲いた花はどれも
きれいだから仕方ないね
やっと店から出てきた
その人が抱えていた
色とりどりの花束と
うれしそうな横顔

名前も知らなかったけれど
あの日僕に笑顔をくれた
誰も気づかないような場所で
咲いてた花のように

そうさ　僕らも
世界に一つだけの花
一人一人違う種を持つ
その花を咲かせることだけに
一生懸命になればいい

小さい花や大きな花
一つとして同じものはないから
NO.1にならなくてもいい
もともと特別なOnly one

エレヴァートミュージックエンターテイメントはウィンズスコアが
展開する「合唱楽譜・器楽系楽譜」を中心とした専門レーベルです。

ご注文について

エレヴァートミュージックエンターテイメントの商品は全国の楽器店、ならびに書店にてお求めに
なれますが、店頭でのご購入が困難な場合、当社WEBサイト・電話からのご注文で、直接ご購入が
可能です。

◎当社WEBサイトでのご注文方法
elevato-music.com
上記のURLへアクセスし、オンラインショップにてご注文ください。

◎お電話でのご注文方法
TEL.0120-713-771
営業時間内に電話いただければ、電話にてご注文を承ります。

※この出版物の全部または一部を権利者に無断で複製(コピー)することは、著作権の侵害にあたり、
著作権法により罰せられます。

※造本には十分注意しておりますが、万一、落丁・乱丁などの不良品がありましたらお取り替えいたします。
また、ご意見・ご感想もホームページより受け付けておりますので、お気軽にお問い合わせください。